CADERNO DO ESCRITOR
COMUNICAÇÃO ESCRITA

Organizadora: Editora Moderna

Obra coletiva concebida, desenvolvida e produzida pela Editora Moderna.

Editora Executiva:
Marisa Martins Sanchez

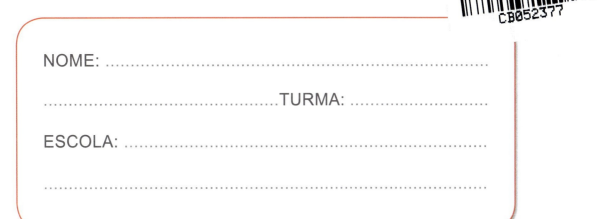

NOME: ....

.... TURMA: ....

ESCOLA: ....

....

Este caderno é parte integrante do livro *Buriti Plus Português 3*. Não pode ser vendido separadamente.

1ª edição

Editora Moderna © 2018

Elaboração dos originais

Marisa Martins Sanchez
Licenciada em Letras pelas Faculdades São Judas Tadeu. Professora de Português em escolas públicas e particulares de São Paulo por 11 anos. Editora.

Acáccio João Conceição da Silva
Bacharel em Comunicação Social pela Universidade Católica de Santos. Editor.

Mary Cristina Pereira da Silva
Bacharel em Comunicação Social pela Universidade de Mogi das Cruzes. Licenciada em Letras pela Universidade Guarulhos. Pós-graduada em Língua Portuguesa pela Pontifícia Universidade Católica de São Paulo. Jornalista e editora.

Sueli Campopiano
Bacharel em Ciências Sociais pela Universidade de São Paulo. Editora.

Coordenação editorial: Sueli Campopiano
Edição de texto: Acáccio Silva, Mary Cristina Pereira da Silva, Sueli Campopiano
Assistência editorial: Magda Reis
Gerência de *design* e produção gráfica: Everson de Paula
Coordenação de produção: Patricia Costa
Suporte administrativo editorial: Maria de Lourdes Rodrigues
Coordenação de *design* e projetos visuais: Marta Cerqueira Leite
Projeto gráfico: Daniel Messias, Daniela Sato, Mariza de Souza Porto
Capa: Daniel Messias, Otávio dos Santos, Mariza de Souza Porto, Cristiane Calegaro
　Ilustração: Raul Aguiar
Coordenação de arte: Wilson Gazzoni Agostinho
Edição de arte: Daiane Alves Ramos, Regiane Santana
Editoração eletrônica: MRS Editorial
Coordenação de revisão: Elaine C. del Nero
Revisão: Ana Cortazzo, Ana Paula Felippe, Renata Brabo, Renato da Rocha Carlos
Coordenação de pesquisa iconográfica: Luciano Baneza Gabarron
Pesquisa iconográfica: Mariana Veloso
Coordenação de *bureau*: Rubens M. Rodrigues
Tratamento de imagens: Fernando Bertolo, Joel Aparecido, Luiz Carlos Costa, Marina M. Buzzinaro
Pré-impressão: Alexandre Petreca, Everton L. de Oliveira, Marcio H. Kamoto, Vitória Sousa
Coordenação de produção industrial: Wendell Monteiro
Impressão e acabamento: HRosa Gráfica e Editora
Lote: 797641
Cod: 5112113155

Dados Internacionais de Catalogação na Publicação (CIP)
(Câmara Brasileira do Livro, SP, Brasil)

Buriti plus português / organizadora Editora Moderna ; obra coletiva concebida, desenvolvida e produzida pela Editora Moderna. — 1. ed. — São Paulo : Moderna, 2018. (Projeto Buriti)

Obra em 5 v. para alunos do 1º ao 5º ano.

1. Português (Ensino fundamental)

18-16393　　　　　　　　　　　　　　CDD-372.6

Índices para catálogo sistemático:

1. Português : Ensino fundamental 372.6

Maria Alice Ferreira – Bibliotecária – CRB-8/7964

ISBN 978-85-16-11315-5 (LA)
ISBN 978-85-16-11316-2 (GR)

Reprodução proibida. Art. 184 do Código Penal e Lei 9.610 de 19 de fevereiro de 1998.
Todos os direitos reservados
EDITORA MODERNA LTDA.
Rua Padre Adelino, 758 – Belenzinho
São Paulo – SP – Brasil – CEP 03303-904
Vendas e Atendimento: Tel. (0_ _11) 2602-5510
Fax (0_ _11) 2790-1501
www.moderna.com.br
2024
Impresso no Brasil

1　3　5　7　9　10　8　6　4　2

Este *Caderno do Escritor* compõe seu material de estudos em conjunto com o livro *Buriti Plus Português 3*.

Nele ficarão registrados, de modo organizado, os textos que você produzir ao longo do 3º ano. É claro que você vai escrever outros pequenos textos indicados no livro ou solicitados pelo professor.

Mas neste *Caderno* ficarão as produções maiores, da seção "Comunicação escrita", que aplicam o que foi estudado em cada unidade do livro, seguindo algumas etapas.

Assim, você, seu professor e sua família poderão acompanhar seu progresso como escritor.

Capriche nas ideias e na letra!

Os editores

Tantas palavras

Reservamos também um espaço para você registrar as palavras que pesquisou no dicionário após a leitura dos textos. Sempre que estiver produzindo um texto, consulte suas anotações e tente utilizar algumas dessas palavras.

Conheça seu caderno

Nestas fichas, você registra o **significado das palavras** que pesquisou no dicionário. Depois, pode usá-las em suas novas produções.

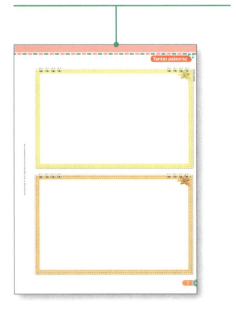

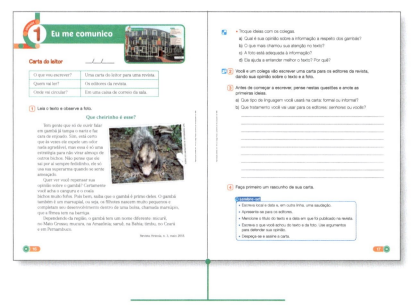

Nestas páginas, estão as **orientações** para sua produção.

Aqui você **passa a limpo** seu texto de acordo com a autoavaliação. Se quiser, pode ilustrá-lo também.

Aqui você faz um **rascunho** do seu texto.

Autoavaliação
Releia seu texto e verifique se precisa alterar alguma coisa antes de passá-lo a limpo.

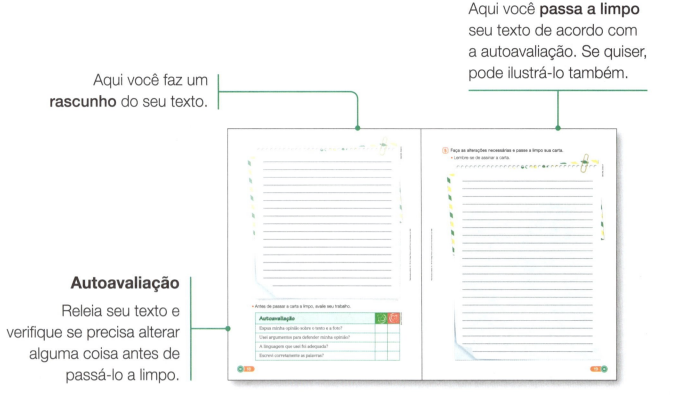

4

Sumário

Tantas palavras	6
Minhas produções	15

Tantas palavras

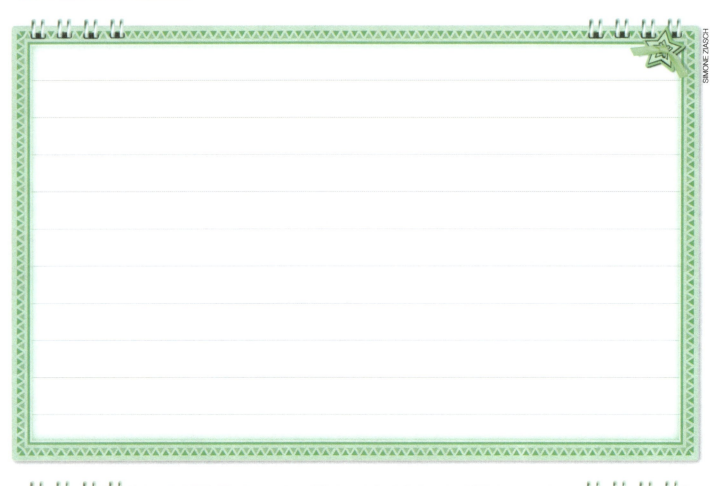

Tantas palavras

Tantas palavras

Tantas palavras

Tantas palavras

Tantas palavras

Tantas palavras

Tantas palavras

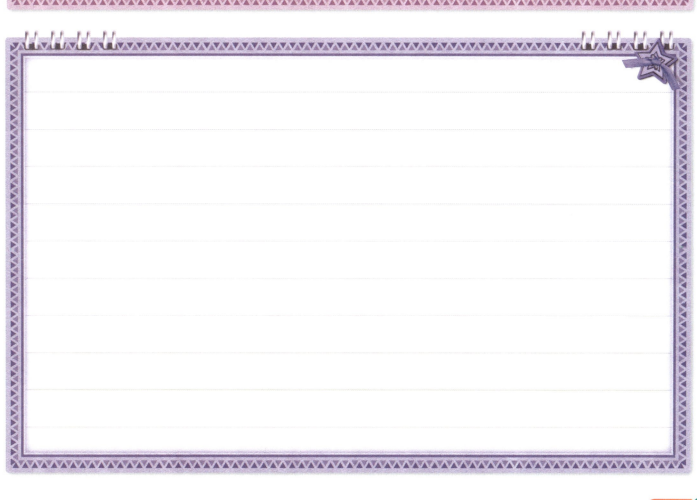

Tantas palavras

Minhas produções

Sumário

UNIDADE 1 **Eu me comunico** **16**
Carta do leitor

Título: _____

UNIDADE 2 **Eu me lembro** **20**
Entrevista

Título: _____

UNIDADE 3 **Eu expresso sentimentos** **24**
Texto dramático

Título: _____

UNIDADE 4 **Eu tenho direitos e deveres** **28**
Fala do narrador

Título: _____

UNIDADE 5 **Eu me divirto** **32**
Texto instrucional

Título: _____

UNIDADE 6 **Eu falo de mim** **36**
Autorretrato

Título: _____

UNIDADE 7 **Eu sou solidário** **40**
Texto publicitário

Título: _____

UNIDADE 8 **Eu desvendo mistérios** **44**
Relato de experimento

Título: _____

Eu me comunico

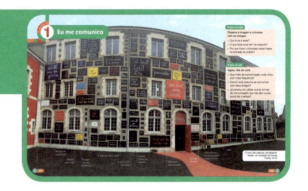

Carta do leitor   ___/___/_____

O que vou escrever?	Uma carta do leitor para uma revista.
Quem vai ler?	Os editores da revista.
Onde vai circular?	Em uma caixa de correio da sala.

1 Leia o texto e observe a foto.

Que cheirinho é esse?

Tem gente que só de ouvir falar em gambá já tampa o nariz e faz cara de enjoado. Sim, está certo que às vezes ele expele um odor nada agradável, mas essa é só uma estratégia para não virar almoço de outros bichos. Não pense que ele sai por aí sempre fedidinho, ele só usa sua superarma quando se sente ameaçado.

Quer ver você repensar sua opinião sobre o gambá? Certamente você acha o canguru e o coala bichos muito fofos. Pois bem, saiba que o gambá é primo deles. O gambá também é um marsupial, ou seja, os filhotes nascem muito pequenos e completam seu desenvolvimento dentro de uma bolsa, chamada marsúpio, que a fêmea tem na barriga.

Dependendo da região, o gambá tem um nome diferente: micurê, no Mato Grosso; mucura, na Amazônia; saruê, na Bahia; timbu, no Ceará e em Pernambuco.

Revista *Pirinola*, n. 3, maio 2018.

16

- Troque ideias com os colegas.

   a) Qual é sua opinião sobre a informação a respeito dos gambás?

   b) O que mais chamou sua atenção no texto?

   c) A foto está adequada à informação?

   d) Ela ajuda a entender melhor o texto? Por quê?

2. Você e um colega vão escrever uma carta para os editores da revista, dando sua opinião sobre o texto e a foto.

3. Antes de começar a escrever, pense nestas questões e anote as primeiras ideias.

   a) Que tipo de linguagem você usará na carta: formal ou informal?

   b) Que tratamento você vai usar para os editores: *senhores* ou *vocês*?

4. Faça primeiro um rascunho de sua carta.

> **Lembre-se!**
> - Escreva local e data e, em outra linha, uma saudação.
> - Apresente-se para os editores.
> - Mencione o título do texto e a data em que foi publicado na revista.
> - Escreva o que você achou do texto e da foto. Use argumentos para defender sua opinião.
> - Despeça-se e assine a carta.

- Antes de passar a carta a limpo, avalie seu trabalho.

Autoavaliação	👍	👎
Expus minha opinião sobre o texto e a foto?		
Usei argumentos para defender minha opinião?		
A linguagem que usei foi adequada?		
Escrevi corretamente as palavras?		

5 Faça as alterações necessárias e passe a limpo sua carta.

- Lembre-se de assinar a carta.

UNIDADE 2
Eu me lembro

Entrevista ___/___/_____

O que vou escrever?	Uma entrevista imaginária.
Quem vai ler?	A comunidade escolar.
Onde vai circular?	Em um lugar à escolha da classe.

1 Leia este texto com atenção.

Minha primeira lembrança de menina mostra uma Ipanema com grandes espaços vazios, amendoeiras. Eu era muito pequena, quatro anos de idade, talvez.

Sylvia Orthof. *Os bichos que tive (memórias zoológicas)*. São Paulo: Salamandra, 2005.

2 Leia este trecho da entrevista criada com base no texto acima.

Que lembranças você tem de Ipanema na sua infância?

Minha primeira lembrança de menina mostra uma Ipanema com grandes espaços vazios, amendoeiras.

Quantos anos você tinha nessa época?

Eu era muito pequena, quatro anos de idade, talvez.

• Troque ideias com os colegas.

a) Qual é o assunto do texto?

b) Nesse texto, a autora fala sobre fatos que aconteceram ou estão acontecendo?

3. Você e alguns colegas vão criar trechos de uma entrevista imaginária com Sylvia Orthof com base em um texto que receberão do professor. Os textos que cada grupo receberá foram extraídos do livro *Os bichos que tive (memórias zoológicas)*, escrito por Sylvia Orthof.

a) Antes de começar a escrever as perguntas para a autora, leia a introdução da entrevista de vocês.

Sylvia Orthof foi uma importante atriz de teatro infantil um dia Ruth Rocha a convidou para escrever para a revista *Recreio* então, essa carioca inteligente e criativa não parou mais leia, na entrevista a seguir, um pouquinho da vida dessa "inventadeira de histórias" vamos a ela

b) Copie aqui essa introdução, pontuando o texto com os sinais adequados. Lembre-se de usar letra maiúscula quando for necessário.

_____
_____
_____
_____
_____
_____
_____
_____
_____
_____

4. Faça primeiro um rascunho de seu texto.

> **Lembre-se!**
> - Leia o texto que seu grupo recebeu.
> - Sublinhe as informações importantes.
> - Crie perguntas com base nas informações que você sublinhou.
> - Escreva, abaixo de cada pergunta, as respostas de acordo com o texto recebido ou com pequenas modificações.

- Antes de passar o texto a limpo, avalie seu trabalho.

Autoavaliação	👍	👎
Pontuei corretamente a introdução da entrevista?		
As perguntas criadas podem ser respondidas com base no texto?		
As respostas estão de acordo com o que foi perguntado?		

5 Faça as alterações necessárias e passe a limpo sua entrevista.

🛟 Reúnam a introdução devidamente pontuada e as partes da entrevista dos grupos, formando um só texto.

UNIDADE 3 — Eu expresso sentimentos

Texto dramático   ___/___/_____

O que vou escrever?	Um texto dramático.
Quem vai ler?	Um dos grupos da classe.
Onde vai circular?	Na sala de aula.

1 Leia esta fábula de Esopo.

A cigarra e as formigas

Num belo dia de inverno as formigas estavam tendo o maior trabalho para secar suas reservas de trigo. Depois de uma chuvarada, os grãos tinham ficado completamente molhados. De repente, apareceu uma cigarra:

— Por favor, formiguinhas, me deem um pouco de trigo! Estou com uma fome danada, acho que vou morrer.

As formigas pararam de trabalhar, coisa que era contra os princípios delas, e perguntaram:

— Mas por quê? O que você fez durante o verão? Por acaso não se lembrou de guardar comida para o inverno?

— Para falar a verdade, não tive tempo — respondeu a cigarra. — Passei o verão cantando!

— Bom. Se você passou o verão cantando, que tal passar o inverno dançando? — disseram as formigas, e voltaram para o trabalho dando risada.

Brasil. Ministério da Educação. Fundescola/Projeto Nordeste/Secretaria de Ensino Fundamental. *Contos tradicionais, fábulas, lendas e mitos*. Brasília, 2000.

24

2 Você e alguns colegas vão escrever um texto dramático com base na fábula que acabaram de ler. Antes, o professor vai ler a fábula de Monteiro Lobato que os alunos da professora Janaína Russeff adaptaram para o teatro.

- Troque ideias com os colegas.

  a) Comparem a fábula original de Monteiro Lobato com o texto adaptado das páginas 70 e 71.

  b) Vocês identificaram as partes que os alunos transformaram em rubricas?

  c) As falas e as ações são as mesmas nos dois textos?

3 Antes de começar a escrever, pense nestas questões e anote as principais ideias.

- A adaptação que vocês farão da fábula da página 24 terá quantas personagens? E quantos narradores?

_____
_____
_____
_____
_____
_____
_____

4 Faça primeiro um rascunho de seu texto dramático.

> **Lembre-se!**
> - Identifique personagens e narrador com um nome para cada um.
> - Imagine o lugar onde a história acontece e descreva-o.
> - Lembre-se de escrever nas rubricas os sons a serem produzidos nas cenas e o modo como as personagens devem agir.
> - Use o ponto de exclamação nas falas das personagens que exprimam sentimentos, sensações e emoções.

- Antes de passar o texto dramático a limpo, avalie seu trabalho.

Autoavaliação	👍	👎
Colaborei com o grupo na adaptação da fábula?		
Diferenciei as falas das personagens das rubricas?		
Sugeri indicações para os sons que devem aparecer nas cenas?		
Indiquei com clareza o modo de agir das personagens?		
Usei o ponto de exclamação nas falas que exprimem emoção, sensação ou sentimento das personagens?		

5 Faça as correções necessárias e passe a limpo o texto.

Seu grupo vai trocar o texto dramático que escreveu com o de outro grupo. Vocês encenam o texto deles e eles encenam o de vocês.

UNIDADE 4 — Eu tenho direitos e deveres

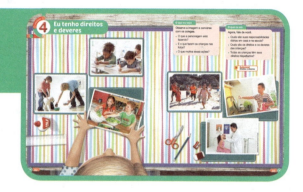

Fala do narrador ___/___/_____

O que vou escrever?	A fala do narrador para um diálogo.
Quem vai ler?	Meus colegas de classe.
Onde vai circular?	Na sala de aula.

1 Leia o texto.

Cidinha gostava tanto de bicho que pedia emprestado o cachorro da vizinha, só para ficar dando voltas no quarteirão.

Era como se o cachorro fosse dela. [...]

Num desses dias, a menina falou para o cachorro:

— Ah, seria tão bom se você fosse morar lá em casa...

— Também acho — respondeu uma voz bem fininha.

A menina se assustou. [...]

A voz era de uma pulga que morava no cachorrão!

Mais que depressa, a pulga pulou para a palma da mão da Cidinha.

— Aceito o convite, menina. Já estou cansada de morar nesse cachorro pulguento!

Pedro Bandeira. *Cidinha e a pulga da Cidinha*. São Paulo: Moderna, 2012.

- Troque ideias com os colegas.

   a) Com quem a menina falou? Quem respondeu? Como você sabe disso?

   b) Releia somente as falas das personagens. Você compreende o texto sem a presença do narrador?

   c) Qual é a importância do narrador nesse texto? Que informações ele traz ao leitor?

28

2 Você e um colega vão escrever a fala do narrador para o diálogo a seguir.

Chinelo direito e chinelo esquerdo

— Ei, chinelo, daqui a pouco seremos calçados.

— E não teremos tanto frio.

— Seremos esmagados.

— Assistiremos televisão.

— Ficaremos fedidos.

— Tomaremos um ar na sacada de janela.

— Teremos frio de novo.

— Olharemos as estrelas.

— Só se não chover.

— Isso não vai acontecer.

— Lá vem ela!

— Pezinho de donzela.

— Chulé de mortadela.

Gilles Eduar. *Diálogos interessantíssimos.*
São Paulo: Companhia das Letrinhas, 2003.

3 Antes de começar a escrever, pense nestas questões.

a) Sobre o que as personagens estão conversando?

b) Você acha que elas têm a mesma opinião sobre o assunto?

c) Quem é o chinelo direito? E quem é o esquerdo?

d) Onde e quando você acha que as personagens estão conversando?

4 Faça primeiro um rascunho de seu texto.

> **Lembre-se!**
>
> • A fala do narrador transmite ao leitor algumas informações, como: onde e quando o diálogo acontece, quem são as personagens que dialogam, sobre o que elas falam, como elas são, como estão se sentindo etc.

- Antes de passar o texto a limpo, avalie seu trabalho.

Autoavaliação	👍	👎
Escolhi momentos adequados para inserir a fala do narrador?		
Informei onde e quando o diálogo acontece?		
Escrevi quem são as personagens e qual é o assunto discutido?		
Falei das características das personagens?		

5 Faça as alterações necessárias e passe a limpo seu texto.

Eu me divirto

Texto instrucional   ___/___/_____

O que vou escrever?	Instruções para o desenho de personagem de mangá.
Quem vai ler?	Os alunos do 4º ano.
Onde vai circular?	Na sala do 4º ano.

 1 Leia o início das instruções para o desenho de personagem de mangá.

- Desenhe um círculo grande para o cabelo, as sobrancelhas e os olhos. Abaixo dele, calcule o espaço para o nariz, a boca e o queixo. Oriente-se pelo modelo, desenhando as linhas de apoio com traços leves.

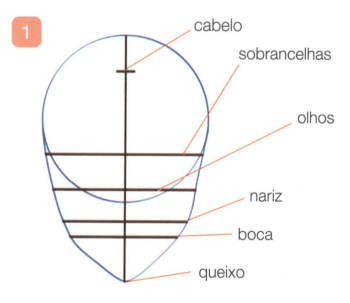

 2 Você e um colega vão escrever a continuação dessas instruções orientando-se pelas ilustrações.

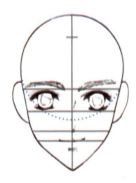

32

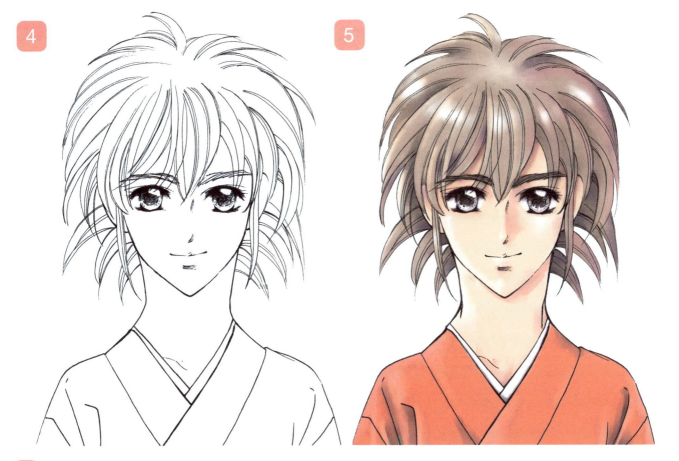

3 Converse com os colegas sobre a continuação das instruções.

a) O que vai ser desenhado na parte superior do círculo?

b) Onde vão ser desenhados os olhos?

c) Em relação à 3ª linha (contada de cima para baixo), onde deve ser desenhado o nariz?

d) E onde deve ser representada a boca?

4 Faça primeiro um rascunho das orientações.

Lembre-se!

- Escreva a instrução para o desenho do cabelo, explicando a aparência que deve ter: volumoso, sem volume, arrumado ou não etc.
- Dê a orientação sobre como devem ser representados os olhos.
- Oriente o desenho da boca, escrevendo se os traços devem ser simples ou detalhados.
- Escreva como o desenho deve ser finalizado.
- Oriente o leitor de que as linhas de apoio devem ser apagadas.

- Antes de passar as instruções a limpo, avalie seu trabalho.

Autoavaliação	👍	👎
Apresentei as instruções na ordem das ilustrações?		
Usei linguagem clara para dar as instruções?		
Orientei como finalizar o desenho?		

5 Faça as correções necessárias e passe a limpo seu texto, reproduzindo antes a instrução 1.

Com a colaboração dos professores das duas classes, vocês vão distribuir as instruções para os alunos do 4º ano e pesquisar se eles conseguiram desenhar a personagem seguindo as orientações lidas.

UNIDADE 6

Eu falo de mim

Autorretrato   ___/___/_____

O que vou escrever?	Um autorretrato.
Quem vai ler?	A família.
Onde vai circular?	Na casa de cada um, em um álbum feito pela classe.

1 Leia este autorretrato.

Eu sou a Ruth Rocha

Eu sou paulista. Nas minhas origens, baianos, mineiros, cariocas. Com muitos portugueses bem lá atrás e algum sangue bugre ou negro — quem sabe? —, que se traduz na minha cor de cuia quando apanho sol.

Gosto muito de sol, de praia e de mar. De música e de livros. De cantar, dançar e rir. Gosto muito de gente. Principalmente de criança.

Ruth Rocha. *Almanaque Ruth Rocha*. São Paulo: Salamandra, 2011.

a) Em que estado Ruth Rocha nasceu?
_____

b) As pessoas da família dela vêm de que lugares?
_____

c) É apresentada alguma característica física da autora?
_____

d) Ela gosta de quê?
_____
_____

2 Você vai escrever um autorretrato que fará parte de um álbum de apresentação dos alunos da classe.

3 Antes de começar a escrever, pense nestas questões.

a) Que adjetivo pátrio indica onde você nasceu?

b) Descreva suas características físicas: altura, cor dos olhos e dos cabelos, algum sinal característico. Sempre que possível, use um adjetivo.

c) Que adjetivos expressam o seu modo de ser e de se comportar no dia a dia?

d) O que você gosta de fazer?

e) Desenhe você fazendo algo de que goste.

4 Faça primeiro um rascunho do autorretrato.

> **Lembre-se!**
> - Escreva o autorretrato em três parágrafos.
> - Apresente-se no primeiro parágrafo dizendo o lugar onde você nasceu e o que acha desse lugar.
> - No segundo parágrafo, descreva suas características físicas.
> - No último parágrafo, fale de seu modo de ser e do que gosta.

- Antes de passar o texto a limpo, avalie seu trabalho.

Autoavaliação	👍	👎
Descrevi minhas principais características físicas?		
Descrevi as características do meu comportamento?		
As descrições ficaram fáceis de o leitor compreender?		

5 Faça as alterações necessárias e passe a limpo o autorretrato.

UNIDADE 7 — Eu sou solidário

Texto publicitário ____/____/_____

O que vou escrever?	Um texto para uma campanha de solidariedade.
Quem vai ler?	A comunidade e a vizinhança da escola.
Onde vai circular?	Na escola e nos arredores dela.

Áudio
Todo mundo tem algum talento

1 Leia este cartaz.

- Troque ideias com os colegas.

    a) Qual é o objetivo desse cartaz?

    b) Que elementos compõem o cartaz?

    c) O que mais chamou sua atenção?

    d) Você já viu um cartaz desse tipo?

    e) Você já participou de alguma campanha de solidariedade?

40

2 Com um colega, você vai produzir o texto persuasivo para compor um cartaz para a campanha de solidariedade que será desenvolvida pela classe.

- O objetivo da campanha e a frase de chamada serão escolhidos pela classe.

3 Antes de escrever o texto, pense nestas questões.

a) Para que será feita a campanha? Arrecadar roupas, livros, alimentos? Outras ideias?

b) Qual será a frase de chamada? Ela deverá ser fácil de memorizar.

c) Quem serão as pessoas ajudadas pela campanha: idosos, crianças, moradores de rua, vítimas de algum acontecimento recente?

d) Qual será o melhor modo de ajudá-las?

e) Escreva duas razões para as pessoas participarem da campanha.

4 Escreva aqui a frase de chamada escolhida pela turma.

5 Faça primeiro um rascunho.

Lembre-se!

- O texto que você vai escrever deve estar relacionado à frase escolhida pela turma e ao objetivo da campanha.
- O texto deve ser persuasivo, ou seja, deve convencer o leitor da importância de participar da campanha.
- O texto deve ser curto e objetivo.
- Atente à concordância entre substantivos e adjetivos.
- Planeje a disposição do texto no cartaz e reserve um lugar para ilustrar a mensagem com desenho ou foto.

- Antes de passar o texto a limpo, avalie seu trabalho.

Autoavaliação	👍	👎
Ajudei a criar um texto adequado à frase de chamada da campanha?		
O texto é persuasivo? Vai convencer as pessoas a participar da campanha?		
O texto contém uma mensagem clara?		
A imagem tem relação com o texto?		
Fiz a concordância correta entre as palavras?		

6 Faça as alterações necessárias e passe a limpo seu texto.

UNIDADE 8 — Eu desvendo mistérios

Relato de experimento ___/___/_____

O que vou escrever?	O relato de um experimento.
Quem vai ler?	A turma do 2º ano.
Onde vai circular?	Na escola.

1 Observe os procedimentos e o resultado de um experimento.

1. Dissolve-se corante vermelho em um copo com água.

2. Corta-se a ponta da haste de duas margaridas brancas.

3. Colocam-se as duas margaridas no copo com a água vermelha.

Resultado

Dois dias depois...

- Troque ideias com os colegas.
   a) Qual é o objetivo do experimento?
   b) Quais são os passos dos procedimentos?
   c) Qual é o resultado do experimento?
   d) A que conclusão se pode chegar?

2 Você e um colega vão escrever o relato desse experimento.

3 Antes de começar a escrever, pense nestas questões.

a) Que materiais foram usados no experimento?

b) Observe com atenção o resultado. Como você pode descrever a aparência da flor?

c) Escolha uma destas palavras para explicar a conclusão do experimento: carregar, conduzir, transmitir, arrastar.

_____
_____
_____
_____
_____
_____
_____
_____
_____
_____
_____
_____

4 Faça primeiro um rascunho de seu relato de experimento.

> **Lembre-se!**
> - Dê um título ao experimento.
> - Escreva o objetivo do experimento.
> - Relacione os materiais necessários.
> - Copie os procedimentos do experimento passo a passo.
> - Numere cada passo dos procedimentos.
> - Escreva o resultado que você observou.
> - Elabore uma conclusão do que você observou no resultado do experimento.

- Antes de passar o texto a limpo, avalie seu trabalho.

Autoavaliação	👍	👎
Criei um título para o experimento?		
Escrevi o objetivo do experimento?		
Relacionei os materiais necessários?		
Copiei os procedimentos do experimento passo a passo?		
Numerei cada passo dos procedimentos?		
Descrevi o resultado que observei?		
Redigi uma conclusão clara do que observei no resultado do experimento?		

5 Faça as alterações necessárias e passe a limpo seu relato de experimento.

Levem os relatos de experimento produzidos pela classe para os colegas do 2º ano lerem.